La Marca de tu Empresa

Marca Online:

¡Imprime ahora tu marca en la mente de tus clientes, incluso sin experiencia!

Riley Reive

Copyright © 2017 Riley Reive

Todos los derechos reservados.

Si desea compartir este libro con otra persona, por favor, compre una copia adicional para cada destinatario. Gracias por respetar el duro trabajo de este autor. De lo contrario, la transmisión, duplicación o reproducción de cualquiera de los siguientes trabajos, incluida información específica, se considerará un acto ilegal independientemente de si se hace por medios electrónicos o impresos. Esto se extiende a la creación de una copia secundaria o terciaria de la obra o una copia grabada y sólo se permite con el consentimiento expreso por escrito del editor. Todos los derechos adicionales reservados.

TABLA DE CONTENIDO

Introducción..i

Capítulo 1: La marca y la marca online......................................1

Capítulo 2: Cosas con las que pensar con sus productos........6

Capítulo 3: Decidir qué vender..11

Capítulo 4: Construyendo tu marca..20

Capítulo 5: PR y publicidad..32

Capítulo 6: Orientación empresarial...40

Capítulo 7: Superar la competencia..45

Capítulo 8: Principios para la marca de tu empresa...............51

Capítulo 9: batallas para ganar..56

Capítulo 10: Leyes de la marca..58

Conclusión...63

Introducción

Los siguientes capítulos dirán cómo sacar el máximo provecho de la marca en línea para que su marca sea la primera en la que la gente piense cuando esté tratando de decidir qué producto o servicio comprar.

Hay un montón de libros sobre este tema en el mercado, pero este va directamente al corazón de la marca y obtendrá todo lo necesario para crear y aumentar el poder de su marca.

¡Gracias de nuevo por elegirlo! ¡Se hizo todo lo posible para asegurarse de que esté lleno de tanta información útil como sea posible, por favor disfrútelo!

Capítulo 1

La marca y la marca online

La marca es todo acerca de la imagen de un negocio. El concepto no solo incluye estilo, emblemas y logotipos sino también la imagen de calidad percibida.

La marca es sobre el negocio y cómo un negocio es diferente de la competencia. El propósito de una marca es distinguirse de su competencia. Una vez que haces un impacto distintivo entonces una campaña publicitaria puede ser mucho más eficaz.

La marca incluye muchos factores que ayudan a una empresa tener éxito. Estos factores pueden incluir un sitio web, esfuerzos de marketing, y cualquier cosa que le da a una empresa una identidad. Los consumidores confían sinceramente en una imagen corporativa porque hay una psicología en la motivación de las decisiones de compra.

En particular, la marca en línea se trata de la imagen que está construyendo en Internet cuando usted está tratando de vender a través de él. Es una manera en la que usted va a estar optimizando su marca a través de

RILEY REIVE

búsquedas en la web, blogs, comunicados de prensa en línea y mucho más.

Promocionar su marca en línea es similar y, sin embargo, diferentes de las típicas estrategias de marketing. Por lo tanto, usted tiene que hacer un acercamiento único a este método de promover su marca del negocio. Sin embargo, los beneficios de utilizar herramientas web para hacer que su marca sea distinta incluyen la capacidad de maximizar los esfuerzos de su negocio y ampliar el alcance de su negocio.

Después de todo, sólo tiene sentido extender sus esfuerzos de marca a Internet dado el hecho de que la mayoría de la gente hoy en día utilizan Internet como su fuente de información diaria.

Hay cinco áreas principales que debe abordar al desarrollar una marca de negocios fuerte en línea.

Dirección URL

Este es un determinador crucial para los navegadores web. Por lo tanto, debe ser capaz de producir un sentido de identidad para su sitio web y proporcionar una visión de su empresa, incluso antes de que tengan la oportunidad de ver lo que su sitio web es realmente.

Palabras clave

Las palabras clave son esenciales para ayudar a los motores de búsqueda a conectarse con la audiencia adecuada. Utilice palabras clave que están relacionadas con la naturaleza de su sitio web, que se puedan detectar fácilmente cuando las personas ejecutan una búsqueda en Internet. Intente ser creativo con las palabras claves a utilizar, especialmente con las consultas no directamente relacionadas pero asociadas a su negocio.

Sitio web

Aquí es donde se llega a mostrar la visión de su empresa y la calidad de su oferta de productos o servicios. Por lo tanto, debe crear un sitio web que hable por su marca. Hay varias maneras de hacer eso, que incluye el contenido, el estilo, el diseño y el color.

También debe incorporar el logotipo de su empresa en el diseño de la página web, para mejorar el nivel de confianza de los consumidores a su sitio web. Por lo tanto, debe abstenerse de comprometer la sustancia de su sitio web al estilo. Un sitio web es sólo otra forma de estrategia de marketing y su objetivo es comunicar el mensaje de su empresa.

Perfiles Sociales

Hay varios sitios de redes sociales en línea como Twitter, LinkedIn, Facebook, entre otros. Cuando se une a cualquiera de estos sitios sociales, incluya siempre la firma de su empresa o representante de marca, como un logotipo. Esto ayudará a los visitantes a recordar fácilmente su empresa y estar en la parte superior de su lista.

Todo el propósito detrás de la marca en línea es para que su cliente se sienta valorado ya que podría sentir que es difícil no ver algo antes de comprarlo. Usted puede hacer que los clientes se sientan mejor al ofrecer promociones y cosas similares.

LA MARCA DE TU EMPRESA

Cualquier gran cosa acerca de la marca en línea es que las empresas pueden obtener más ventaja que la competencia mediante la adición de emociones que se encuentran a través de la experiencia en las compras en línea.

Las empresas que trabajan en línea crean una marca con la que sus clientes pueden conectarse para que sean más propensos a comprar el producto. Los clientes no van a romper sus hábitos de consumo o comportamientos sólo porque están comprando algo en línea, por lo que las técnicas en línea deben ajustarse para hacer volver a los clientes.

Se ha descubierto que es más probable que un cliente compre un producto basado en cómo se vende porque van a hablar con otros clientes acerca de cómo fueron tratados por su compañía y si se sienten satisfechos con su producto o no.

Publicar la marca en línea va a ser lo mismo que hablar con un cliente en la tienda, con la excepción de que no va a ser capaz de ver al cliente. Por lo tanto, es más importante que usted tenga un cuidado especial en sus clientes y darles una experiencia que no puedan olvidar.

Una de las mayores ventajas de la marca en línea es cómo va a ser capaz de fortalecer su relación con sus clientes y posibles clientes. Tome Amazon, por ejemplo, si usted compra o incluso mira algo en Amazon, recibirá recomendaciones que podría desear comprar a continuación o mirar enseguida. No sólo eso, sino que le permiten mirar en el perfil del autor basado en lo que el autor decide poner en Internet para que puedan interesarse en ese autor o lo que ese autor tiene que escribir.

Millones de compañías utilizan el Internet para continuar haciendo dinero de sus clientes porque están guardando una relación que va con ese cliente dondequiera que el cliente tenga acceso a su página de internet.

Unas pocas empresas como GAP, Banes y Noble y muchos más. Todavía tienen sus tiendas a las que usted puede ir y visitar, pero también están tratando de hacer la experiencia en línea diferente para sus clientes.

Capítulo 2

Cosas para pensar de sus productos

Usted va a necesitar mirar el producto que usted está vendiendo. Cada producto o servicio que va a ofrecer debe ser aceptado por su cliente, tendrá que presentárselos de tal manera que se note lo que ofrece diferente de sus competidores.

¿Qué hace que su producto sea diferente de lo que su competencia ofrece?

Lo que tienes que hacer es determinar las diferentes cualidades que se perciben sobre sus productos por los clientes. ¿Tiene una buena reputación con el mundo del consumidor para proporcionar calidad total en sus productos o son sus productos considerados basura y no vale la pena el gasto?

Las cualidades de su negocio pueden ser muchas cosas. Cuando piensas en cómo los clientes consideran las cualidades de tu negocio, asegúrate de considerar los productos que ofreces, el soporte al cliente que proporcionas, tu imagen o cualquier otra cosa que haga pensar en la calidad de tu empresa.

La visión y la declaración de la misión son muy importantes para cada negocio, no importa cuán grande o pequeño sea. Asegúrese de que su marca funciona bien y coincide con lo que dice que desea entregar. Determinar cuáles son los beneficios y características de su negocio y tenga una imagen clara de esto. Necesitará esta información para proporcionar una imagen clara cuando se centra en el desarrollo de su marca.

También aprenda sobre lo que los clientes realmente piensan de usted. Puede que piense que los clientes le aman absolutamente cuando realmente le están golpeando por la calidad de su producto. Saber lo que los clientes piensan es muy importante.

Crear una marca basada en el aporte del cliente puede tener éxito, especialmente si cambia el diseño de algo para los clientes. Esto les da un sentido de propiedad y les demuestra que usted realmente los cuida.

En primer lugar, debe decidir su idea y asegurarse de que no sólo es diferente, sino que va a funcionar. Usted no quiere llegar demasiado lejos y entrar en algo que va a estar por encima de su cabeza y por lo tanto va a hacer imposible que usted continúe con ese producto.

Una gran parte de la creación de una marca para su negocio está demostrando a los clientes por qué sus productos y servicios son los mejores para comprar. La diferenciación tiene lugar aquí, pero es necesario demostrar los beneficios para los consumidores. Determine cuáles son los beneficios con los productos que ofrece, los servicios que ofrece o cualquier otra cosa.

¿Por qué el cliente se beneficia cuando compran de usted? A usted le será muy difícil establecer una marca si no puede determinar los beneficios de sus productos o servicios.

Las características de sus productos y servicios también son importantes y van de la mano con los beneficios. Las características de un producto específico deben proporcionar un beneficio. Determinar las características y en qué se destacan del resto o proporcionar el mayor beneficio puede ser un objetivo para la campaña de marketing.

Lo mejor que puede hacer no es generalizar las ideas que se presentan. Hable con otros y vea qué es lo que piensan que el producto va a hacer. Diferenciar las ideas es lo que otras empresas hacen y les ayuda con sus productos, y es algo que usted necesita hacer también.

La marca es acerca de la percepción del cliente. Cuando quieres crear una marca quieres crear una percepción del cliente de que eres el mejor, que ofreces algo diferente a tus competidores, y es esta diferencia la que cubre las debilidades de tus competidores.

Hoy en día los clientes no pueden saber que usted existe o pueden tener una sensación negativa para su negocio porque usted no ha estado practicando los métodos adecuados.

De hecho, una idea no se debe inventar, pero debe ir con fluidez y colocar su producto en contra de su competencia. Su producto debe batir el producto que su competencia está produciendo de modo que usted sea la primera opción en las mentes de los clientes.

Los competidores a los que usted necesita mirar son:

1. El líder del mercado. Esta es la persona que va a estar a cargo de la comercialización y llegar a la mayor parte de la publicidad que se ve del producto.

2. Cualquier co-líder. Al igual que con el líder de marketing, van a tratar con la publicidad.

Cualquier persona de ahí en adelante no va a ser realmente preocupante porque son sólo radios en rueda. Esencialmente, ellos son los que se ocupan de los proyectos que son rechazados por el líder del mercado y los co-líderes.

Es fácil para muchas empresas decir que su producto es único y va a llegar primero. Pero, eso no va a ser cierto. Sólo porque tu competencia tiene otros productos que no estás ofreciendo y tener que dividir su atención entre todos sus productos para que puedan obtener los resultados que quieren.

La diferencia entre lo que estás ofreciendo y lo que ellos están ofreciendo es que van a ofrecer algo que está llenando una necesidad en la vida de un cliente.

Incluso si tu producto está haciendo lo mismo, usted va a necesitar poner una nueva vuelta en su producto de modo que no sea idéntico a los otros productos que están allí afuera.

Por ejemplo, mira a Red Bull, que tiene una nueva y completa categoría que se creó y que lo está haciendo donde no hay competidores que van en contra de él y no hay otro producto que está ahí fuera que se va a comparar con el Producto de Red Bull.

No depende de usted como el productor para resolver los problemas que surgen con su producto, es usted como el cliente para resolver estos problemas. Si usted mira las cosas desde el punto de vista del cliente, entonces usted va a ser capaz de ver muchos defectos más que están en su producto en lugar de sólo mirar el producto como alguien que lo produjo.

Volvamos al ejemplo de Red Bull. ¿Cuál es el problema con Red Bull? Variedad. Ellos ofrecen café de bolsillo, con café, café con hielo, y así sucesivamente y esos son una gran cantidad de productos que tienen para ofrecer, pero el problema no va a ser qué otra bebida energética debería comprar el cliente. El problema es, si necesito una inyección de energía, ¿cómo voy a solucionar este problema? ¡La obvia respuesta es que voy a buscar un Red Bull!

¿Cuál es la necesidad básica que su producto intenta resolver? Si usted no tiene un problema que su producto está tratando de resolver, entonces probablemente no va a tener un mercado detrás de su producto.

¡Hágase una marca con el problema que su producto está resolviendo!

Capítulo 3
Decidir qué vender

Mientras que usted todavía está intentando resolver qué vender vuelva su idea para diferenciar y mirar estas tres áreas principales en las que usted debe centrarse.

1. Competidores: ¿quiénes son sus competidores? ¿Cuantos tienes? ¿Qué están haciendo para promover su producto?

2. Otros productos que usted ofrece: ¿cómo es lo que usted está tratando de ofrecer diferente de otros productos? ¿Sabe todo lo que usted tiene que ofrecer o está usted enfocado en un género específico tal como bebidas para deportes?

3. Si nadie está ofreciendo un producto que es similar a lo que usted está ofreciendo, entonces van a pensar que usted es un genio en lo que se le ocurrió. Usted necesita ver cómo la gente va a reaccionar al producto también. ¿Cómo soluciona el problema que desea

corregir? ¿Cómo va a hacerlo en situaciones paralelas que no están directamente relacionadas con el problema que está tratando de resolver?

Como seguimos mencionando, si hay un problema que necesita ser resuelto por ese producto, entonces ¡va a haber un mercado! Es la regla más simple que vas a poder recordar.

Ahora, ¿cuál es su mercado?

1. **¿A quién está apuntando? ¿Rango de edad? ¿Género? ¿Raza?**

En el caso de que usted tenga apuntando a un cliente, entonces usted no es realmente un negocio para ese producto en particular o para cualquier empresa. Si usted no necesita un negocio, entonces usted no sabe lo que usted está deseando vender. Algunos productos tienen que ser comercializados a una marca específica de cliente, no hay otra manera. Eso a veces se puede utilizar para su ventaja.

Hacer la marca con su audiencia le permitirá tener más éxito con las ventas y desarrollar clientes duraderos que se dediquen a usted. La orientación del público equivocado puede causar problemas con credibilidad y confianza.

Los grupos de personas mayores a menudo quieren ver una marca como una en la que puedan confiar. Ellos quieren credibilidad y un aspecto profesional. Si la imagen parece ser joven o poco profesional entonces usted puede encontrar que sus ingresos no sean suficientes.

La misma práctica se aplica con una muchedumbre más joven. Si usted está apuntando a un público joven y su marca es demasiado profesional y se presenta como aburrido, entonces los niños no estarán interesados en lo que tiene que ofrecer.

Por ejemplo, si su público objetivo es vender coches de juguete super rápido a los niños de cinco años, entonces usted quiere una marca muy emocionante que sea divertida. Si su marca es profesional y por lo tanto así también su apariencia, entonces eso hará difícil el convencer a un niño de 5 años de que los coches son muy rápidos.

Siempre haga su marca de acuerdo a su audiencia. Averigüe qué quieren ver. Puede que incluso quiera hablar con diferentes grupos de edad y averiguar qué les gustaría ver. Este sería un buen lugar para comenzar.

La audiencia lo es todo. Si no conoce a la audiencia a la que apunta, entonces no puede comenzar a crear una marca para un producto o una empresa. Hay muchas razones por las que la audiencia debe ser considerada. Conocer a su audiencia bien trabajará para usted en el largo plazo.

El público es la base de clientes a quienes apunta para que lleguen a comprar su producto. La audiencia puede incluir género, edad, regiones geográficas y más.

La edad de un público debe ser considerada cuando se produce la marca. Esto se debe a que si está apuntando a una multitud más joven y más moderna puede que deseen ver una marca que es vibrante y más al día. Si su público es más viejo y más sofisticado, entonces puede estar buscando una marca que muestre más profesionalismo.

El género de una audiencia es a menudo un problema si usted está vendiendo ropa de mujeres, sombreros de hombres, u otros artículos. Sin embargo, cuando crea una marca para un hombre, recuerde que puede crear campañas publicitarias dirigidas a las mujeres para comprar los productos como regalos para los hombres.

El ingreso no es algo que muchas personas piensan cuando consideran una audiencia para desarrollar una marca. Esto es a menudo donde las compañías van mal.

No se puede vender un producto caro a un público pobre. Además, las personas con un ingreso muy alto no pueden considerar la compra de un producto muy barato. El valor de su marca debe coincidir con los ingresos de las personas que piensa que serán su objetivo principal como clientes.

Las regiones geográficas también son muy importantes. Muchas personas abren negocios e intentan vender productos y servicios donde simplemente no es una necesidad. Esta es una buena manera de fallar. Por ejemplo, si usted tiene una compañía que vende palas de la nieve entonces no tendría sentido intentar venderlas a los dueños de casas en Florida. Conozca sus ubicaciones geográficas y qué regiones se beneficiarán más de sus productos o servicios.

2. Elija qué es lo que está vendiendo.

Con el producto que ha creado, va a poner la solución para tratar de averiguar si es el producto adecuado para vender o si debe seguir adelante y encontrar un producto diferente.

Antes de crear sus productos o servicios, piense en un título para ello. El título va a ayudar a darle una dirección clara en qué manera usted debe ir con su producto. Un sistema de marca eficaz comienza con un gran nombre. A menos que pueda poner un nombre a su empresa que lo distinga, no puede proceder con la creación de una marca. Es similar a un niño recién nacido, que primero debe ser nombrado antes de que él o ella pueda crear su identidad única. Sólo entonces puede proceder con los métodos posteriores que están dirigidos a crear su marca en el mercado y permitir el crecimiento de su negocio.

Un buen título debe ser uno que se pueda recordar, así que trate de hacer que su título tenga estas tres funciones.

• Construya su marca

• Comunique el beneficio de poseer su producto a su cliente.

• Atrapar la atención del cliente al instante y hacerle entender exactamente lo que es que usted les está ofreciendo.

- Su nombre de marca debe ser dos palabras como máximo.

- El nombre de la marca debe ser descriptivo, ya que va a decirle al cliente todo lo que necesitan saber acerca de su producto antes de que incluso compren el producto.

- Su marca debe ser inventada. Una palabra que se inventa o tiene conexiones distantes a lo que los beneficios de lo que usted está ofreciendo son.

- Usted puede modificar su nombre con sufijos y prefijos, será más eficaz para su marca, pero va a ser más difícil.

- Para cada nombre, debe tener un dominio .com. Si ya se ha tomado el dominio, busque otro nombre de marca.

Hay palabras claves específicas que van a capturar la atención de su cliente mientras que hace su marca clara y simple.

- Los secretos

- La verdad sobre

- Rápido

- Detener

- Fácil

Los títulos cortos van a ser más fáciles de memorizar y van a ser más fáciles de conectar con un nombre de dominio en el futuro.

El nombre va a ser el comienzo entero de su proceso de marca. El nombre le dirá a su cliente cuáles son los beneficios de poseer su producto. Los nombres deben ser cortos y genéricos, pero no tan genéricos que se olviden fácilmente. Trate de hacer su nombre corto, descriptivo, pegadizo y memorable para que pueda bloquear a los competidores de usar el nombre o nombres similares para obtener sus clientes.

Una regla general es asegurarse de que todos sus productos están asociados con algún tipo de marca. Cada marca debe ser diferente de la marca de origen. Cada vez que sale un nuevo producto, su mayor error es darle un nombre que ya es bien conocido. Esto es porque un nombre que es bien conocido ya tiene una reputación en la mente del cliente.

Por lo tanto, con los nuevos productos con que desea tener éxito, necesita una nueva escala y un nuevo nombre.

3. Encuentre un ángulo único para su producto.

Averigüe cuál es la debilidad de su competencia. Siempre hay cosas que hacen que la competencia sea débil y usted necesita usar esas debilidades para explotar su competencia y darse la ventaja.

Vamos a hablar a fondo sobre la competencia en los próximos capítulos.

4. Añadir una promesa negativa

Usted necesita hacer todo lo posible para mantenerse por delante de su competencia. Si usted puede prometer algo que ellos no pueden entonces usted está pareciendo mejor y conseguirá que los clientes vengan a usted porque usted está mostrando un lado negativo de su competencia.

5. Indique un plazo

¡Ponga un marco de tiempo en eso! Por ejemplo, el más clásico que se ve es de 30 días o su dinero de vuelta. Usted no tiene que usar este, sino que usted puede hacer uno propio. Pero, no llegues al punto de estar perdiendo beneficios.

6. Promesa coherente

Lo más importante acerca de la marca es que usted necesita reforzar constantemente las promesas que usted hace a la audiencia a la que apunta. Un programa para promocionar la marca puede ser reforzada al ser coherente.

La coherencia es el factor más importante cuando se refuerza. Esto demuestra que usted es serio acerca de su marca y su producto. Es importante ser coherente para mostrar credibilidad con los clientes y el público. Cuando una empresa no es coherente, se ve mal como si estuvieran desorganizados o tuvieran problemas.

Reforzar su marca significa que usted respalda lo que dice que va a hacer. Usted necesita demostrar a los clientes que lo que usted dice que va a hacer es verdad y continuamente reforzar esto pondrá la idea de la marca en sus mentes.

Por lo tanto, hay seis puntos por los que desea luchar para que pueda tener una garantía en un negocio.

1. Usted es más alto que la competencia
2. Un objetivo específico
3. Un mejor marco de tiempo de lo que ofrece la competencia
4. Un producto que es diferente de lo que se ofrece.
5. Un ángulo único para atacar
6. Una promesa negativa que tiene sentido

Cuanto más concurrido sea su mercado, más posibilidades tendrás de conseguir clientes. Si tienes poca o ninguna competencia, entonces probablemente no tienes un mercado. El mercado va a ser parte de lo que hace o quiebra su negocio.

Usted no quiere cambiar los hábitos de su cliente. En su lugar, desea darle una solución que sea más funcional, más fácil y más precisa para él.

Capítulo 4

Construyendo tu marca

Ninguna marca comercial se produce de la noche a la mañana. Sigue un proceso metódico que involucra estrategia y organización. Pero si usted piensa que una vez que tiene un nombre comercial y logotipo su trabajo ya está hecho, entonces usted necesita saber que incluso con los negocios que llevan tiempo en el mercado el proceso de gestión de la marca todavía está en curso.

Aparte del tiempo, algunas grandes empresas incluso invierten mucho tiempo y cantidad sólo para asegurar que el legado de la marca sigue siendo coherente con los valores incorporados por la empresa.

Todo lo que necesita es compromiso con el proceso para proporcionar un enfoque y coherencia en sus esfuerzos de branding.

Como usted está construyendo su marca, de acuerdo con Al Ries, padre del posicionamiento de las marcas, hay cinco etapas que tienen que pasar.

LA MARCA DE TU EMPRESA

1. **Enfoque**

En el mundo en que vivimos, hay una sobreabundancia de comunicación. Usted puede ir al mercado y encontrar miles de productos que están destinados a resolver el mismo problema. Pero, debido a toda esta comunicación, usted necesita poder centrarse en lo que está haciendo.

Cuando piensas en cómo piensa la gente, debes recordar que hay dos espacios en su cabeza mientras están pasando por la lista de lo que necesitan cuando están tratando de comprar un producto.

La primera cosa en la que usted necesita centrarse en es un nicho que no va a tener muchos competidores. Usted todavía va a estar en un mercado importante, pero va a estar creando un nicho en ese mercado que es único para usted. Mientras menos competidores tenga en este nicho, mejor será su producto.

No trate de complacer a todos, si intenta hacer esto, entonces nunca va a ser capaz de complacer a nadie. Es el mayor problema que la mayoría de las empresas hacen tratando de complacer a todo el mundo, ofreciendo una amplia variedad de productos mediante la ampliación de la línea en productos que terminan sin mercado.

Usted va a querer centrarse en la orientación al cliente. Usted no quiere mirar a su cliente y decirles que usted tiene cualquier cosa que él podría desear, posiblemente porque de ser así usted va a estar en apuro con la producción. Esto va a terminar conduciendo a productos de menor calidad.

Concéntrese en el logotipo de su marca también. Crear algo que va a llamar la atención de los clientes. No es suficiente sólo ser el primero, es necesario tener una marca que es la primera también.

Tenga en cuenta que cuanto mayor sea el mercado con el que está trabajando, más tendrá que centrarse en lo que está haciendo.

Si usted está en los Estados Unidos, céntrese en los mercados de los Estados Unidos, si usted está en otra parte, centrarse en esos mercados. No trate de comercializar a China desde los Estados Unidos. Por lo menos, no como su foco porque si usted está deseando ir en un mercado global, usted necesitará reducir su foco.

"Cuanto más das, menos vas a ganar."

2. Categoría

Los clientes saben que hay categorías cuando se trata de las marcas que están buscando. Algunos clientes no van a estar orientados a la marca, pero otros lo estarán. Sin embargo, la marca siempre va a ser la punta del iceberg.

Xbox es una marca que está dentro de la categoría de videojuegos.

Muchos clientes no van a pensar en el hecho de que van a querer comprar un juego de Xbox, lo primero que viene a su mente es que quieren comprar un videojuego. De ahí es cuando deciden qué marca van a elegir.

Las ideas de cambio en grandes marcas muy probablemente no van a ser capaces de ser recogidas y llevadas a cabo. Por ejemplo, la marca Kodak intentó hacer el cambio a la fotografía digital. En esta transición la empresa terminó en bancarrota. Debido a esto, la marca Kodak murió junto con la categoría de la película.

En la mente de un cliente, la primera marca en el mercado es la mejor. Pero, esto no es siempre el caso.

Si usted puede crear una marca que se convierta en grande, como el vendedor número uno en el Reino Unido, puede tomar ese título y ampliar su marca.

Los clientes van a pensar en la categoría que están deseando comprar antes de que alguna vez piensen en una marca. Cuando se habla de la marca, la categoría a menudo veces no se dice porque se sabe en qué categoría cae el producto.

Si su marca no se puede asociar con una categoría, no va a venir a través de la mente del cliente, ya que no van a saber en qué categoría cae su marca y eso perjudicará sus ventas.

¡La palabra categoría es la clave! Usted no puede tomar una marca y sólo moverla de categoría en categoría, ya que no está funcionando en esa categoría. Cuando usted decide mover una marca, tendrá que llegar a un nuevo nombre, una nueva marca, y luego ponerlo en la nueva categoría.

3. Clavo verbal

Usted va a querer plantar un clavo en la cabeza del cliente con un martillo visual para que piensen en su marca en primer lugar.

Pregúntese: ¿cuál es el concepto que quiero pasar?

Si no eres capaz de encontrar el clavo que va a hacer que la gente recuerde su marca, entonces usted va a tener que centrarse en la comercialización. A medida que intenta y consigue poner su marca en la mente de los clientes, usted va a querer utilizar las palabras que van a crear un martillo visual.

Sus palabras van a sugerir una imagen visual. Si ese no es el caso, entonces vas a encontrar nuevas palabras.

4. Martillo visual

Con el fin de establecer una fuerte marca de negocio, también es necesario crear una imagen empresarial fuerte. Esto será utilizado por clientes o consumidores potenciales para evaluar sus propias expectativas sobre la compañía. Hay un momento crucial en cada estrategia de marketing que está dirigida a atraer la atención de los clientes sobre su producto y esto se logra a través de la imagen de su empresa y la marca, lo cual es también el por qué es de extrema importancia.

Más que cualquier tipo de impresión, desea crear una imagen positiva en sus clientes. Esto ayudará a asegurar que usted está entre los primeros de su lista al considerar la compra de un producto similar al suyo.

En el mundo de los negocios, es común que la gente diga que un logotipo es todo cuando se trata de la marca. Esto no podría estar más lejos de la verdad. Sin embargo, debe ser capaz de capturar y reflejar la naturaleza de su negocio en su nivel más básico.

Cuando usted diseña un logotipo hay muchas cosas a considerar para que usted sepa que usted está creando uno bueno. Estas cosas incluyen los colores, cuán ocupado es el logotipo, un lema, memorable, y más.

LA MARCA DE TU EMPRESA

Los logotipos son una parte de la imagen. Su objetivo en la marca es crear una imagen que tiene un impacto emocional en los clientes. Esto no significa agregar un cuadro emocional o lanzar un lema para hacer llorar a la gente. Los lemas deben tener un impacto, y hacer una promesa que de lo que se va a entregar.

Las fotos no deben estar en los logotipos en absoluto, pero si usted elige poner una en un logotipo, a continuación, asegúrese de que sea muy pequeña y no demasiado llena.

Los colores son muy importantes en un logotipo. Puede ser extremadamente molesto si son demasiado brillantes y difíciles de mirar y pueden ser demasiado aburridas. Es muy importante elegir una sabia combinación de colores con su logotipo.

El color afecta el recuerdo de la memoria de los consumidores en su producto o empresa en general. Cuando piensan en un cierto color similar a los utilizados por la marca de su empresa, entonces fácilmente asociarán ese color con su producto. La presencia de color estimulará entonces los sentidos y enviará señales de mensaje sin tener que iniciar un patrón comunicativo.

Ahora que usted sabe el papel que el color juega en su estrategia de la marca, el gran dilema es elegir el color a utilizar. Sin embargo, incluso éste no debe ser tan difícil siempre que usted ha establecido claramente las directrices y la visión que tiene para la empresa.

Una vez que usted ha elegido el color, usted debe entonces utilizarlo en todos sus materiales promocionales del negocio para realzar más lejos la prominencia del color en asociación con su compañía y sus productos o servicios.

Cada color tiene su significado universal que usted debe tomar en cuenta antes de utilizarlos en sus esfuerzos de la marca para el negocio. Aquí están los colores básicos a considerar:

Azul

El color azul, universalmente hablando, es un color muy querido. Exuda una sensación de confianza, responsabilidad y seguridad. Es por eso que el azul también se utiliza comúnmente en la industria de negocios, ya que no sólo es agradable de ver, sino que emana un ambiente positivo, ya que es un color asociado con el mar y el cielo. El mensaje de estabilidad transmitido por el uso de este color acumula confianza entre los individuos que trabajan dentro de una institución.

Rojo

Otro color popular usado en varias marcas de las compañías. El color rojo estimula sus sentidos rápidamente, por lo tanto es un color que agarra la atención que crea la impresión de ser agresivo y enérgico. Este color es utilizado por las empresas que quieren evocar la emoción y la respuesta rápida de los clientes potenciales. Las cadenas de comida rápida usan típicamente el color rojo porque exhibe una actitud caliente, que se quema y se intensifica

Verde

En los términos de su significado universal, el verde conoce la salud y la serenidad. Pero el significado puede variar de acuerdo a los tonos de verde utilizados. Los tonos más claros del verde producen un efecto calmante mientras que los más oscuros exudan la abundancia y el prestigio.

Amarillo

Este es un color estrechamente asociado con el sol. Por lo tanto, es un color que puede que se desee utilizar si desea establecer un mensaje positivo de optimismo y calidez. También hay diferentes tonos para este color, pero su significado va desde la creación de motivación a la producción de energía positiva. Los amarillos brillantes capturan con eficacia los ojos, así que puede ser que usted desee utilizar este color para las exhibiciones y consiga la atención de la gente, lo cual es el primer paso en cada proceso de la compra.

Negro

Se trata de una opción clásica de color para una marca comercial. Aparte de eso, también connota una persona audaz, poderosa y sofisticada. Por lo tanto, este color es bastante común para los productos caros o más sofisticados gadgets.

Blanco

Como siempre, el blanco significa sencillez y pureza. Debido a que cualquier objeto blanco produce un cierto nivel de brillo, es bueno para su uso en señalizaciones. Lo mismo con el negro, también le ayuda a lograr una imagen profesional y poderosa. Este color se asocia mejor a los productos relacionados con la salud y la atención sanitaria.

Utilice todos estos indicadores cuando elija un color para utilizar en su estrategia de marca para el negocio y usted será capaz de producir más impacto en sus campañas de marketing.

Una vez más, considere la audiencia cuando diseñe el logotipo y elija los colores. Una mirada más profesional para una audiencia más vieja debe utilizar tonos más claros y colores agradables mientras que los niños disfrutan de colores primarios y brillantes.

Un logotipo nunca debe estar demasiado lleno. Debe ser corto. Desea que el logotipo de una empresa sea sencillo y fácil de recordar. Un logotipo que está demasiado lleno puede ser molesto y difícil de leer.

Es importante buscar sitios de la competencia y verificar que no hay otras empresas con el mismo nombre que la suya con un logotipo que es similar. Asegúrese de nunca copiar un logotipo o utilizar un logotipo que es casi el mismo de otra empresa. Esto podría causar que usted esté en medio de una demanda si accidentalmente diseña lo mismo que alguien más.

El paquete también va a ser parte de lo que hace que su marca se pegue en la mente de su cliente. El color de los envases, los animales asociados, etc., etc.

Si no eres capaz de encontrar el martillo visual, entonces no vas a ser capaz de conducir ese clavo visual a casa, así que entonces usted debe encontrar un clavo diferente. El clavo es en última instancia más importante que el martillo porque usted no va a poder ponerlo en las mentes del cliente si usted no es visual.

Piense en ello como en una casa. Una casa no se puede construir con sólo clavos, un martillo debe ser utilizado para poner los clavos en su lugar.

5. Eslogan y gritos de batalla

Cualquier forma de plan de marca de negocios debe implicar la creación de un eslogan. Es uno de los elementos básicos necesarios para construir una campaña de marca efectiva. Un lema típicamente consiste en una frase corta o una frase que sirven para reforzar la marca. De hecho, muchas empresas de tiempo grande han creado lemas de marketing de gran éxito que ha sido reconocido por los consumidores tanto como su nombre.

El Eslogan es a menudo descartado como un elemento para los métodos de marca efectiva, lo cual es también la razón por la cual incluso lo que el nombre de un negocio potencialmente bueno no puede entregar. Su propósito principal es mejorar y aumentar el nombre o proporcionar una pequeña visión de lo que la marca promete entregar. Incluso las palabras o frases simples pueden recorrer un largo camino cuando funciona bien con su marca.

El propósito es principalmente capturar la atención del consumidor y producir interés sobre lo que su empresa es y hace.

1.) Un buen lema es memorable. Dado que el propósito de un eslogan es aumentar el recuerdo de la marca y motivaciones del comprador, primero debe ser capaz de capturar su atención y permanecer en su memoria durante un período determinado. Mantener el poder es un factor esencial en la industria del negocio, por lo que tiene que ser capaz de producir algo que permanece en la mente de los consumidores cuando salen a comprar.

2.) Un buen eslogan produce imágenes en la mente del consumidor. La mayoría de la gente produce imágenes en su mente cuando escucha algo. Por lo tanto, puede activar los patrones visuales de sus clientes mediante el uso del eslogan. Por ejemplo, puede recordarles sobre el logotipo de su empresa y crear un vínculo más fuerte entre los dos.

3.) Un buen lema conduce a la gente a la acción. Despertar activadores por parte del consumidor ayudará a tomar la decisión de comprar el producto que se representa.

4.) Un buen eslogan destaca el beneficio del producto. Esto está vinculado con los esfuerzos de crear la distinción de productos, que es hacer hincapié en los beneficios que uno puede derivar al usar los productos o servicios de una empresa.

Haga que su lema que se repita fácilmente en la mente de un cliente.

La mente sólo va a registrar sonidos y no las palabras que se están diciendo. Los sonidos son entendidos por la mente a medida que pasan por un proceso de reconocimiento.

Pero ¿cómo están vinculados los sonidos?

Los sonidos más comunes que se vinculan son rimas, aliteraciones, repetición, inversión y doble significado.

Las palabras que riman van a ser palabras que son estimuladas por los otros y es algo que se puede recordar fácilmente.

Aliteración va a requerir que usted tenga palabras que van a comenzar con la misma letra en una fila. Es mejor que compre un diccionario que no le da el significado de las palabras, sino sólo listas de palabras que comienzan con cada letra. Usted puede incluso intentar y rimar las palabras si usted siente que es capaz.

Las palabras que se repiten van a estimular las conexiones en el cerebro y toda la idea de revertir una idea va a estimular la memoria de alguien.

El uso de un doble significado va a causar vibraciones en la mente de un cliente, mientras que trata de ir entre los dos significados diferentes.

Capítulo 5

PR y publicidad

Usted no puede simplemente pensar que los clientes van a venir a usted. Tienes que hacer algunos de los trabajos para hacerles saber lo que tu marca es. Por lo tanto, vas a necesitar trabajar con relaciones públicas y publicidad para hacer tu marca inolvidable.

Primero, usted va a necesitar crear relaciones públicas. Hable con sus clientes para saber qué es lo que quieren. De todas maneras, los clientes son la base entera para su negocio así que usted necesita centrarse en ellos. Construya su publicidad alrededor de ellos de modo que usted pueda realmente apuntar a los clientes apropiados.

Construir el reconocimiento puede ser una tarea difícil en el proceso de marca. Hay muchas maneras de construir el reconocimiento. Sin embargo, usted debe comenzar desde dentro de la organización y trabajar su salida a los clientes y los competidores.

Internet ha abierto varias posibilidades para que un negocio pueda establecer su nombre y potencialmente crecer. Por lo tanto, las empresas también han trabajado en el aumento de su presencia en la web para ampliar su alcance de mercado.

Los estudios han demostrado que la mayoría de los internautas comienzan con una búsqueda. Por lo tanto, lo mejor es optimizar su sitio web de tal manera que se clasifique bien en los motores de búsqueda. En resumen, usted tiene que hacer esfuerzos para hacer que su sitio web sea fácilmente encontrado por los investigadores potenciales de la web. Es por eso que varias empresas invierten en la optimización de motores de búsqueda para mejorar su rendimiento y estrategias de marketing en la web.

Usted necesita escribir un párrafo breve sobre la compañía. Dar una visión general de la empresa, cómo empezaste, y qué te hace prosperar hoy. La visión general debe ser positiva y alentadora. También debe hacer que los consumidores piensen que usted tiene un excelente lugar para comprar.

Cuando usted está creando una marca, entonces usted necesita ser coherente. La consistencia debe tener lugar en todo lo que haces. Recuerde, la marca es su imagen y si no son coherentes no tendrá un buen impacto en los consumidores.

La pregunta principal que usted debe como hacer a usted mismo es si entrega todo lo que promete a sus clientes. La respuesta aquí siempre debe ser un sí. La entrega debe ser consistente en todo momento.

Sé honesto. Si usted dice que va a darles su dinero en una semana si no les gusta su producto, entonces usted necesita tener en cuenta eso. Al ser honesto, la gente va a decir cosas buenas sobre su empresa porque van a tener una experiencia agradable, incluso si tienen que recuperar su dinero.

¡Los Testimonios son un camino largo! Llegue a estar dando a sus clientes un buen servicio. Mientras mejor sea capaz de tratar a su cliente y hacer frente a las quejas que tienen, ellos dirán las mejores cosas acerca de su empresa.Los testimonios suelen ir a lugares donde todo el mundo puede verlos, como en Google o en el sitio web de su empresa. Usted no quiere que la gente diga cosas malas sobre su empresa antes de que un nuevo cliente sea capaz de experimentar el trato con usted.

Otra consideración de los medios cuando usted está construyendo su marca es que usted necesita trabajar con las referencias. Las referencias funcionan muy bien en la construcción de su marca. Esto es un proceso boca a boca a través de clientes que juran por usted. Estos pueden ser difíciles de acumular, pero cuando recibe referencias ayuda con la credibilidad.

Usted puede ayudar con la obtención de referencias a su negocio, ofreciendo ofertas especiales o descuentos a los clientes que dan referencias a otros clientes. Esto puede ser un descuento de $ 5 en su próxima compra o algo más. Cuando el cliente ve que hay un beneficio para él a menudo dan referencias de la empresa para obtener el beneficio. Esto ayuda a aumentar la base de clientes, los ingresos y la creación de su marca.

Los eventos no siempre tienen que ser físicos. Los eventos pueden estar en línea, así como un sorteo en que los clientes ingresan en una cierta cantidad de tiempo con el fin de ganar un producto suyo. Si usted tiene un evento donde los clientes son capaces de venir como en una tienda de ladrillo y mortero, entonces no vaya más de presupuesto, pero llegue a donde los clientes no puedan dejar de decir cosas buenas. Ofrezca cosas gratis, cupones, etc. y así sucesivamente. Construya relaciones con los clientes para que vuelvan.

Únase al proyecto si no está dispuesto a competir por sus clientes, entonces esos clientes no van a volver a su negocio. Mientras más empresas estén en el nicho al que decide unirse, más serán los competidores que usted va a tener. Mientras que usted va a ser capaz de hacer más ganancias, no siempre es fácil entrar en estos mercados, ya que va a tener que hacer un nombre para ti mismo de la nada.

Cuando el mercado es, grande y lleno de gente, a continuación, entonces tratar de abordar a todos en ese mercado va a conducir a algunos errores graves de su parte.

Como se dijo anteriormente, no es necesario tratarlos y complacerlos a todos. Hacer esto no va a hacerlo diferente de sus competidores, porque todos están tratando de agradar a la gente. Por lo tanto, esta es una mala práctica de negocios a menos que usted sea el líder en ese nicho, porque si no lo es, entonces probablemente no va a ser recordado por los clientes.

No sólo eso, sino que puede acabar empeorando las cosas porque con la tecnología actual, hay más información disponible para el cliente de lo que había en los últimos treinta años. Así que de los cinco mil productos que están disponibles en línea, van a ser altas tasas de comparación.

Estudios recientes han demostrado que hay una ceguera cognitiva en los clientes cuando se trata de publicidad en línea de productos y servicios. Esto sucede porque el usuario no va a mirar los productos como si fueran diferentes y no quieren saber por qué ellos deberían escucharle a usted en lugar de a alguien más.

Este problema puede ser resuelto haciéndose usted mismo un especialista. La gente va a ser más receptiva a un especialista en lugar de alguien que es un generalista. Un especialista es percibido como mejor porque usted va a tener más conocimiento. Pero, esto no siempre va a ser cierto. Si usted puede hacerse la cabeza del mercado en su nicho, entonces usted va a estar aprovechando la creencia que la gente ha inculcado en ellos.

A pesar del hecho de que usted probablemente tiene mucho que decir, tendrá que reducir lo que está tratando de decir y reducir su enfoque si usted está deseando que la gente realmente piense que usted es un especialista. Sea preciso y restrictivo con la información que usted da a la gente y su plan funcionará mucho mejor de lo que usted piensa.

¡Destáquese también! No se mezclen en la multitud de vendedores que están ahí fuera. Haga algo que le va a hacer ser recordado por los clientes que puedan o no puedan haber comprado algo de usted.

Usted no siempre tiene que bajar sus precios con el fin de vender más fácilmente. Mientras usted esté aparte de otros en su mercado, usted va a ser capaz de hacer que la gente venga a comprar su producto, incluso si no es el que cuesta la menor cantidad de dinero. Al final, usted sólo quiere dar razones específicas al cliente para que le compre a usted en lugar de a su competencia.

Por ejemplo, para hacerlo, muchas empresas molestan a los clientes porque quieren cobrarles por todo. Esto deja que el cliente se aleje con un mal sabor de boca sobre usted y sólo le hace parecer deshonesto o codicioso.

Hay cosas que puedes regalar cuando se trata de información. No hay manera de que usted pueda enseñar a un cliente todo lo que sabe en sólo unos minutos de hablar con ellos o en algunas páginas que puedan leer.

Muchas personas practican dando consejos y consejos a través de volantes y folletos. Es posible que desee colocar algunos consejos útiles en la parte posterior de su folleto. Esto ayudará a construir la credibilidad y la confianza con los clientes de que usted no es codicioso y usted está dispuesto a ayudarles a alcanzar ciertas metas.

También les demostrará que usted realmente tiene el conocimiento para realizar ciertas tareas dentro de su empresa.

No tiene que revelar secretos del oficio, pero puede dar información útil.

Dar información útil puede incluir ofrecer consejos cuando esté fuera en una llamada de servicio en una casa. Si su empresa ofrece servicios de fontanería y usted está en una llamada en la cual el cliente tiene tubos congelados en su casa, entonces usted puede recomendarle dejar el agua goteando durante la noche. Este tipo de asesoramiento es útil para el cliente y les ayudará a no terminar en una situación con una ráfaga en el tubo. Aunque, las continuas tuberías quebradas puedan ser una ganancia para usted es solamente un cliente.

Usted puede pensar que no le beneficiará decirles cómo evitar problemas porque entonces ellos no lo necesitarán. Sin embargo, hay un montón de otras razones por las que pueden llamarle. Además, usted será la persona que les vendrá a la mente en cualquier momento en que necesiten reparar algo. Además, el boca en boca va a ser un camino largo con los clientes y el cliente puede traerle un montón de trabajo.

Uno de los métodos más populares de hacer marca y ganarle ventaja a la competencia es a través del uso de blogs. Los blogs permiten que un sitio aumente el tráfico, mejora el rango a través de los resultados de los motores de búsqueda, e incluso ayuda con la construcción de la credibilidad también.

Permite a los visitantes de un sitio publicar sus propios comentarios, artículos y más. Dar a un usuario el acceso a publicar cosas en su sitio les permite tener un sentido de propiedad del negocio. Ellos trabajan de muchas maneras las cuales podrían incluir foros, foros de discusión, o incluso parecer un diario en cierto sentido. Mantienen a los visitantes actualizados sobre los acontecimientos actuales y permiten que la discusión tenga lugar.

LA MARCA DE TU EMPRESA

Hay muchas razones para usar los blogs en una empresa. Es posible que una empresa desee proporcionar un foro de discusión que permita a otros clientes discutir sugerencias y trucos de solución de problemas. Una empresa puede publicar información útil sobre cómo obtener la mayor longevidad de los productos, cómo reparar o arreglar las cosas, e incluso cómo evitar que se produzcan problemas.

Si decide agregar un blog al sitio web de la empresa, hay muchas cosas a considerar para sacar el máximo provecho de ello. Algunas empresas permiten que las personas publiquen su propio contenido, mientras que otros no. Considere cosas como palabras clave y frases, enlaces, información útil e incluso información de contacto.

El propósito principal de la escritura del blog para la marca es ganar más exposición de un negocio y conseguir que la gente hable de que la compañía existe. Los blogs son una excelente manera de crear exposición porque la web tiene millones de negocios y clientes.

Cuando se utiliza un blog es importante asegurarse de que utiliza palabras clave importantes que son relevantes para los productos y servicios ofrecidos por su negocio. Estas palabras clave y frases deben ser las palabras que se escribirá en los motores de búsqueda cuando un usuario está buscando lo que ofrece.

Las palabras claves se deben utilizar naturalmente a través del contenido del blog. Ellos trabajarán permitiendo que su blog aparezca en los resultados del motor de búsqueda cuando los usuarios escriban las palabras clave y frases específicas que usó en el blog.

Agregar enlaces a blogs es una cosa muy importante por dos razones.

Proporcionan un método fácil para volver a su sitio y proporcionar un enlace entrante. Los usuarios siempre aprecian una manera fácil de llegar a su empresa.

Si usted está hablando de productos y servicios ofrecidos en un blog sin enlaces a donde los clientes pueden encontrarlos, entonces no hará nada bueno. Los clientes sólo buscarán un negocio por un período muy corto si es que lo buscan en absoluto. Usted tiene una mejor oportunidad de ganar un cliente cuando un vínculo está justo allí en el blog para que puedan hacer clic y obtener más información sobre la empresa.

Las URL también son beneficiosas para una empresa porque proporcionan enlaces entrantes. Una de las formas en que los motores de búsqueda funcionan es que una de las maneras en que clasifican un negocio es a través de la popularidad. La popularidad puede crearse mediante enlaces integrados dentro de los blogs.

Cuantos más enlaces entrantes proporcione dentro de un blog, más popularidad crea en un motor de búsqueda. Nunca olvide colocar enlaces entrantes dentro de los blogs y el contenido que coloque en su blog.

Un blog debe proporcionar información beneficiosa para los visitantes y lectores. Cuando hay algo útil para el lector volverá por más. Los blogs le dan la oportunidad de dar el asesoramiento gratuito y la información útil que beneficiará a los usuarios y le hará ganar credibilidad para estar bien informado sobre los productos y servicios ofrecidos.

Capítulo 6

Orientación empresarial

Los modelos de marca se han formulado para crear el marco necesario para construir una marca eficaz que será capaz de resistir las tendencias del mercado y la competencia.

¿Qué es un modelo de marca?

Hay modelos básicos utilizados en el proceso de planificación de la marca. *Cada uno de ellos cubrirá diferentes pasos y aspectos del proceso para crear una estrategia de marca.* Aparte de la capacidad de postular métodos para llegar a una idea de marca específica, estos modelos también ayudarán a los empresarios a comprender el comportamiento de los consumidores en términos de sus respuestas a una marca, lo cual es útil para ajustar viejas estrategias de marca o adquirir otras nuevas.

Todas estas características son clave en la gestión y revisión de marcas, que son pasos necesarios que deben ser adoptadas por cualquier empresa en sus esfuerzos de marca. Estos modelos no están directamente vinculados, pero

RILEY REIVE

uno sí afecta a otro.

Posicionamiento de marca

Este modelo implica su esfuerzo para crear una imagen que tendrá su posición distintiva en el mercado. Establecer firmemente su marca ayudará a su mercado objetivo a recordar fácilmente y optar por su línea de productos. Este es un aspecto de su planificación de marca en la que debe centrarse en la creación de marcas superiores que eliminará su competencia. Aquí hay pasos que usted necesita mirar:

Este es el paso en el que empiezas a identificar otras marcas con las que compites. Luego, defina los parámetros de su propia marca contra su competencia. Esto le permitirá concentrar sus esfuerzos.

1. Lo principal que hace que un líder no tenga que luchar la guerra es su posición. Construyen tal reputación que alcanzaron el mercado.

2. Usted necesita encontrar la debilidad en el líder si usted está deseando alcanzarlos. Por lo tanto, ataque esa debilidad.

3. Su ataque debe ser un frente y ser lo más estricto posible.

A continuación, su objetivo es introducir atributos a su marca que le permitirá destacar de la competencia. También debe introducir elementos en su marca que producirán la calidad percibida de su marca en la mente de sus consumidores o mercado objetivo.

Usted debe establecer un lema para su marca que apuntará a reafirmar la posición y los valores de su marca. Su objetivo es articular el mensaje de la marca y lo que promete entregar a los consumidores.

Un concepto poderoso

Las personas que trabajan en la marca normalmente están orientadas hacia el cliente para que sean capaces engancharlo. Sin embargo, esto no siempre va a funcionar porque incluso si sabes lo que el cliente quiere, hay otras empresas como la suya que están tratando o logrando dar al cliente exactamente lo que quieren.

Mientras usted trabaja en la marca va a encontrar que el problema no es el cliente, sino el mercado, porque los productos que se ofrecen en el mercado son indiferenciados. Tener un buen producto no va a darle éxito instantáneo. En el mercado que va a experimentar hoy, usted tiene que tener una ventaja competitiva, por lo tanto, usted absolutamente tiene que ser diferente de los que te rodean.

La competencia es lo que hace que el mercado de la marca se vaya. Usted tiene que buscar cualquier lugar en el que usted puede atacar a sus competidores para que pueda llevarlos hacia abajo y subir en el mercado.

El error del "mejor producto"

Muchos gerentes de marca tienen el pensamiento pobre que si su producto es mejor, no van a tener que jugar el juego de marca y luego no van a tener que atacar a su competencia. ¡Esto está mal en todos los niveles!

Usted tiene que encontrar una buena agencia de publicidad para que le ayude a obtener los hechos a través de su cliente para que puedan cerrar la venta antes de que sean capaces de ir a un competidor.

Pero, la única verdad que usted va a encontrar es la que usted encontrará en la mente del cliente. La verdad no va a ser tu verdad, pero es la única verdad con la que vas a poder trabajar. Tienes que ser capaz de aceptar esta verdad y tratar con ella si usted está deseando tener éxito.

Toda la guerra por la marca se está librando completamente en la mente del cliente potencial. Usted no va a ganar con sólo tener un mejor producto, usted va a ganar porque la gente tiene una mejor percepción de su empresa.

Resonancia de la marca

Una vez que usted está a través de la etapa de creación y colocación de distinción en el mercado, su siguiente paso es proteger la lealtad de sus consumidores. Para ello, es necesario emplear un servicio eficiente de relación con el cliente y proporcionar un sistema de retroalimentación. Este modelo se deriva de los pasos iniciales establecidos por los métodos de posicionamiento de la marca. Ahora que han adquirido clientes objetivos, su siguiente objetivo es fortalecer la relación entre ellos y su marca. Después de todo, la mayoría de las ventas de negocios provienen de los clientes repetidos.

Más que nada, esta etapa es donde debes reforzar los mensajes inicialmente transmitidos por tu marca. Por lo tanto, los clientes se quedarán satisfechos con el nivel de rendimiento y calidad de su marca. ¿Sus métodos son consistentes con la identidad de la marca y sus misiones? Tome en cuenta la retroalimentación de los clientes en su producto y cómo se puede construir en esa relación.

Cadena de valor de la marca

Este se centra más en el impacto financiero de sus esfuerzos de marca. La idea básica de este modelo es que el valor de la marca consiste en los clientes, por lo que es en donde usted debe centrar la mayoría de sus estrategias de marca.

Cuidadosamente la combinación de estos diversos modelos proporcionará a la empresa una perspectiva fiable de las diferentes áreas involucradas en la actividad de marketing. Tomando la incorporación de todos estos pasos de marca en la fórmula le permitirá seguir fácilmente el progreso o las áreas problemáticas en el sistema de marca.

Capítulo 7

Superar la competencia

Uno de los conceptos clave que usted necesita recordar en la guerra de la marca es que usted tiene que adaptarse a lo que están haciendo sus competidores, no lo que su empresa está haciendo.

Hay muchas cosas a considerar sobre su competencia cuando está diseñando una campaña de marca. Muchas empresas fracasan porque no consideran su competencia.

1. ¿Lo primero que debe considerar es lo fuerte que es la posición de líder? El líder va a estar detrás de todo lo que una empresa hace. La segunda y tercera posición necesitan ser echadas abajo también, pero no es tan importante como la del líder. Es muy parecido a las abejas, si matas a la reina, el resto se vuelca.

2. Encontrar una debilidad en el líder y atacarlo. Cada uno tiene una debilidad y si usted toma esa debilidad y la utiliza a su ventaja entonces usted va a poder causar que el líder caiga. No se centren en el precio o la calidad como debilidades. Estas no son debilidades buenas para atacar.

3. Inicie el ataque en un frente que es fácil de controlar. Si no eres capaz de controlar todo sobre el ataque, entonces la competencia va a ser capaz de ponerse como superior a ti y utilizar su propio ataque contra usted.

Usted necesita hacer la investigación apropiada sobre sus competidores, aprenda qué le hace diferente, porqué los clientes deben elegirle, y mucho más.

Encuentre un segmento del mercado que va a ser capaz de defender. No puede ser un gran lugar en el mercado, pero tiene que ser algo que usted va a ser capaz de reclamar como suyo propio.

Piense en los ejércitos cuando están tratando de reducir el campo de batalla para que puedan ganar la parte superior, van a encontrar un pedazo de tierra que conocen mejor que su enemigo y sostenerlo hasta que hayan derrotado a su enemigo o hayan sido derrotados.

En otras palabras, convertirse en el pez grande en un estanque pequeño.

Investigación de la competencia

Siempre debe investigar su competencia antes de comenzar su marca. Cada negocio debe saber quiénes son sus principales competidores. Es importante saber si su empresa está en la parte superior de la lista en la industria o exactamente donde se encuentra.

Al investigar a los competidores es importante ser exhaustivo y aprender todo acerca de ellos como usted pueda. ¿Cómo es usted similar? ¿Tienen los mismos productos que usted? ¿Qué tipos de campañas publicitarias utilizan con éxito? ¿Qué campañas que utilizan están fallando?

¿Qué lo distingue de la competencia?

Un factor muy importante cuando usted está investigando a su competencia de sus productos y servicios es ver en qué usted es diferente. Si es necesario, haga una lista de todo lo que tiene usted que ellos no hacen y viceversa. Determine qué es lo que funciona en su empresa.

Muchos de los competidores dejaron fuera una pieza vital de información en la que deberían centrarse como en el producto que no tienen. Esto podría ser una solución perfecta para conseguir un pie inmediatamente por delante de los competidores.

Cuando se determina el aspecto positivo que te hace diferente o que te establece completamente aparte de la competencia entonces puedes usar esta información para tu campaña publicitaria.

Usted nunca quiere parecer igual que el resto de las empresas de su industria.

No tenga miedo de salir de la caja y ser diferente. Así es como los consumidores te recordarán. Si todos se ven iguales, entonces no habrá diferencia para los clientes cuando hacen una elección para comprar.

¿Por qué los clientes deben comprarle a usted?

Otra parte acerca de cómo distanciarse de la competencia es determinar por qué los clientes le deben comprar a usted y no al otro tipo. ¿De qué es su negocio que lo convierte en el lugar adecuado para comprar?

Si usted ofrece ventas o el envío libre y los competidores no entonces usted debe utilizar esto como punto de enfoque. Si usted tiene un producto que el competidor no, entonces usted debe utilizar esto también. Mostrar a los clientes por qué usted es el mejor lugar. Hay muchas maneras de hacer esto.

Usted puede tener un equipo de servicio al cliente que está disponible las 24 horas del día y las otras compañías sólo pueden estar abiertas durante el horario comercial normal. Esto sería un punto de enfoque.

Las razones por las que los clientes deben ir de compras deben ser claras y concisas. Usted necesita ser completamente diferente que el resto de los negocios en su industria. Que el establecimiento se va aparte del resto es la mejor cosa que usted puede hacer porque hará que los clientes le recuerden específicamente. No habrá confusión porque que su empresa que está en un grupo de empresas que se ven iguales.

La mejor opción que usted puede elegir es atacar un solo producto, porque si usted trata de atacar todo, el líder va a ser capaz de tomar una pérdida debido al hecho de que no vas a ser capaz de meter agujeros en todo.

Cuando tienes un frente limitado para el ataque, tienes que usar la fuerza. Es necesario forzar a tus masas para lograr una superioridad específica que va a ayudarte a empujar a tu empresa hacia adelante.

Por último, pensar en el cliente. ¿Qué palabra quieres asociar contigo cuando piensan en ti?

Lados de la marca:

1. Cualquier ataque bueno va a ser un movimiento de moda y se hará en un área que no pasará por alto. Los movimientos de derivación no van a requerir un nuevo producto cada vez, sin embargo, va a ayudar al cliente a colocar el producto en una nueva categoría.

El más exitoso de los ataques va a suceder en los flancos, pero esto va a determinar cómo usted es capaz de establecer su ataque, mientras que se mantiene en una categoría diferente de su competencia.

El lanzamiento de un ataque real en la moda significa que usted tiene que ser la primera persona para ocupar un segmento.

Un ataque a los flancos no significa que usted va a tener que establecer un nuevo mercado para su servicio o producto. Los negocios no pueden suceder a menos que haya un mercado y ese mercado esté compuesto por las personas a las que están atacando.

Una vez que usted ocupó ese segmento, usted tiene que proteger su posición con un alto precio. Esto va a ser un gran beneficio porque va a añadir algo de credibilidad al producto. Eso es porque la calidad se asocia a menudo a los altos precios gracias a la creencia de que obtienes lo que pagas.

Un precio más alto también le va a dar un mayor margen de beneficio. Otro apego al precio es el tamaño del producto que el cliente está recibiendo, los métodos de distribución o las formas de los productos.

Es una buena idea mirar las revistas comerciales antes de decidir su enfoque cuando se trata de precios altos. No se puede poner un alto precio en todo o de lo contrario no va a conseguir que alguien le compre algo a usted.

Capítulo 8

Principios de marca

Una vez que haya determinado su misión, visión, audiencia y separación de los competidores, puede comenzar a establecer su marca. Hay muchas cosas que usted necesita hacer para establecer su marca de modo que la gente empiece a recordar su nombre.

Estas cosas incluyen meterse en la mente del cliente, obtener aprobaciones, encontrar buenos prospectos, y utilizar a las empresas de relaciones públicas a su ventaja. Estas pocas cosas recorren un largo camino al hacer un esfuerzo para establecerse entre la competencia y en el mercado.

Establecer un lugar dentro de la mente del cliente

Uno de sus mayores objetivos en el proceso de creación de marca es establecer un lugar dentro de la mente del cliente. En este punto, usted tiene una buena idea de quien se supone que es su público. Usted sabe cuál es su nivel de ingresos, su edad, y posiblemente detalles geográficos. Esta información es relevante para establecer una audiencia real.

Su objetivo es demostrar al cliente que tienen una necesidad de su producto o su servicio. El cliente necesita encontrar una razón por la que lo necesitan. Las técnicas de marca le dirán al cliente que su producto resuelve un problema que puede tener, cumple una necesidad que tienen, y hace que su vida sea mucho mejor si lo compran.

Tiene que haber una razón para comprar el producto y un aspecto positivo de por qué es la mejor opción para usarlo.Cuando usted consigue adentrarse en la cabeza del cliente el cliente creerá que absolutamente tiene que tener el producto.

Como ves muchos infomerciales hablan de cómo alguien se hará rico si utilizan un producto o cómo su salud será mejor, necesitas establecer el beneficio del cliente para que puedas hacer que realmente crean que su vida será mucho mejor cuando se utiliza tu producto.

Esto también significa que usted tiene que construir la confianza y la credibilidad con los clientes. Muchos productos hacen un trabajo fantástico para demostrar al cliente por qué un producto o servicio es beneficioso y necesario. Sin embargo, no logran establecer credibilidad o confianza con los consumidores.

Su reputación no está en juego, pero se cuestiona a este punto, así que necesitas proporcionar la prueba de que va a cumplir las promesas que se están haciendo al cliente.

Aprobaciones

El público y los consumidores escuchan a figuras públicas. Cuando usted tiene la capacidad de obtener un aval en un producto, entonces usted necesita aprovecharlo. Sin embargo, usted no puede esperar que una aprobación venga a usted.

Es necesario ponerse en contacto con algunas de estas figuras para ver si están interesados en aprobar un producto. Una cosa a tener en cuenta es que las aprobaciones pueden costar un poco de dinero si usted está tratando de obtener una figura pública para respaldar su producto.

Hay muchas maneras de obtener aprobaciones. Usted puede asistir a eventos donde una figura pública vaya a aparecer. Esto incluye volver a escena en conciertos o espectáculos donde usted puede tener acceso a la persona. También puede llamar a sus gerentes y hablar con ellos sobre la aprobación de un producto.Una cosa a tener en cuenta sobre los respaldos es que usted necesita encontrar una figura que coincida con la audiencia también. Si su público objetivo son los adolescentes, entonces usted quiere encontrar un respaldo que los adolescentes conozcan y confíen.

Alguien en que los adolescentes piensen que está de moda y querría comprar el producto cuando se enteran de que la persona lo usa también. Lo último que querría hacer es obtener un aval en su producto de una persona mayor que es bien conocido y respetado por un público mayor del cual el público adolescente nunca ha oído hablar.

Esto sería un desperdicio de dinero y tiempo de su parte.

Uso de profesionales de relaciones públicas a su favor

La atención de los medios necesita ser utilizada a su favor. Hay muchas maneras de hacer esto. Una cosa a tener en cuenta es que su producto y su marca no tienen que estar plenamente establecidos aún para llamar la atención de los medios de comunicación. Lo importante es que utilice los medios de comunicación para ayudarle a establecerse.

Los medios de comunicación se pueden utilizar de muchas maneras. Los comunicados de prensa son una de las mejores cosas que puedes hacer para obtener la exposición que estás buscando y ayudarte a crear un lugar en la industria del negocio.

Un comunicado de prensa se utiliza generalmente para anunciar nuevos lanzamientos de productos, grandes ventas y eventos, o cualquier otra cosa nueva que esté sucediendo dentro de una empresa.

Incluya siempre la dirección de su sitio web en un comunicado de prensa para que la gente pueda ir a su sitio y aprender más sobre quién es usted.

Los comunicados de prensa se envían a tantos medios de comunicación como usted pueda enviar a los destinatarios a los que está tratando de llegar. Estos medios de comunicación incluyen estaciones de noticias, periódicos, revistas, estaciones de radio y más. Cuando un medio de comunicación recibe un comunicado de prensa pueden hacer algunas cosas.

Pueden responder inmediatamente y utilizarlo para la próxima gran historia que golpea a la prensa y decirle al público todo al respecto. Pueden dejarlo de lado cuando esperan un período lento y luego usarlo como una historia o no harán nada en absoluto.

El envío de comunicados de prensa no le cuesta nada a un negocio. Es barato y no necesita preocuparse por el costo. Nunca duele enviar comunicados de prensa incluso si los medios no están interesados.

El punto es que usted tiene que por lo menos tratar de utilizar las relaciones públicas a su beneficio. Puede ser que un evento o anuncio que tenga sobre su negocio sea utilizado por la prensa. Esa pequeña cantidad de exposición podría hacer un largo camino para usted.

Capítulo 9

Batallas para ganar

Hacer marca es algo que todas las empresas necesitan practicar a diario o cada vez que surge la oportunidad. Usted debe trabajar duro para garantizar la victoria en la guerra de la marca, que está haciendo un impacto en la forma en que los clientes piensan acerca de los productos o servicios que se les ofrecen.

Cuando practique la marca debe asegurarse de que está dirigido a la demografía de la audiencia adecuada. Los logotipos son importantes, pero no son su punto de venta. Sólo hacen una declaración. Utilice un lema junto con un logotipo o con un anuncio solamente cuando usted piensa que llamará la atención de clientes de una manera positiva.

Hacer marca requiere que usted use medios de comunicación para su beneficio. Usted debe ser proactivo en sus métodos de marca. Usted puede contratar a alguien para hacer la marca por usted. Un negocio tiene control completo sobre su marca y su imagen. El objetivo de la marca es entrar en la mente de los clientes de una manera positiva y ayudarles a darse cuenta de que su negocio ofrece un producto beneficioso para ellos. Tienes algo que necesitan.

AUTHOR NAME

Hacer marca requiere que usted se distinga de la competencia demostrando por qué el negocio es la mejor opción para comprar. Debe haber una imagen clara de lo que te hace diferente, único, y por qué un cliente debe elegirlo usted de sobre la competencia.

Lo que debe recordar acerca de la marca es que ayuda a producir una imagen sobre un negocio. La consistencia es muy importante. Usted no puede hacer una marca mediante la creación de un logotipo en un sitio web y seguir como si nada.

Hacer marca requiere enfoques proactivos de exposición a través de la redacción de artículos, distribución de comunicados de prensa, apariciones públicas, productos con logotipos y mucho más. La confianza y la credibilidad deben construirse a través del proceso de marca.

Mediante el uso de estas técnicas se puede tener un comienzo sorprendente en la construcción de una marca de confianza en la que los clientes puedan confiar.

Además, siga siempre con las promesas que usted hace a los clientes con una misión o cualquier declaración.

Capítulo 10

Leyes de la marca

1. **Analizar el mercado que escogió**

Un negocio es posible justo cuando la gente lo hace posible.

¿Cuál es la necesidad o interés que está resolviendo con su producto?

Si no hay, probablemente no hay un mercado y usted debe escoger otro.

2. **Analizar la competencia del mercado**

Aunque examinar el tipo de marca que son utilizadas por sus competidores le ayudará a establecer su propia marca, es necesario diferenciarse de ellos, mientras que los supera al mismo tiempo.

La distinción no sólo debe surgir del nombre de la empresa o logotipo en sí, sino en términos de la calidad del servicio que usted entrega. ¿Qué puede ofrecer que sus competidores no tienen y no pueden ofrecer a los clientes? A continuación, incorpórelo en la creación de su marca para que pueda captar fácilmente la atención del cliente en cuanto a la posibilidad de hacer negocios con usted.

En un mercado que está inundado con varios otros negocios, haciéndose único y distinto de otros es una manera de establecer la reputación de su negocio. Junte eso con una pasión por la entrega de primera calidad a los clientes y un servicio de calidad, ten por seguro de establecer una marca de negocios fuerte que ayudará a su empresa a lograr sus objetivos.

3. Consistencia

Una de las maneras más eficaces de construir confianza entre sus clientes es ser coherente con el mensaje que usted está intentando transmitir. La coherencia es más importante cuando se exhiben los valores que son clave y vital en su empresa. Luego, se centra en todos los aspectos de su negocio para asegurarse de que se mantiene coherente con los valores profesados por su empresa y que hacen una buena representación de la visión de la empresa.

4. Construir su marca con PR y reforzarla con publicidad

Hable con la gente, esté cerca de ellos; Los medios de comunicación social son realmente increíbles para hacer eso.

Utilizar los sitios de redes sociales que le interesan como una vía para promover su marca en línea es beneficioso para su negocio. Aquí, usted puede hacer conexiones y ampliar el alcance de su marca. Consiga que más gente vaya a su página producirá tráfico importante de construcción de marca en su sitio.

Trate de ofrecer asesoramiento o solución a las necesidades de la gente.

Pero absténgase del spam ya que básicamente arruinaría la reputación de su negocio.

La gente confía sólo en quienes perciben más cercano y similar posible.

5. Nunca cambie su identidad de marca

Hacerlo reducirá la confianza que usted ha construido en los clientes y también arruinará su reputación. Simplemente trate de reestructurar los mensajes que está tratando de ofrecer, pero asegúrese de que permanece dentro del contexto de su identidad de marca base.

6. Marca interna

En cualquier tipo de estrategia de marca que emplee, debe centrarse en permanecer coherente con la visión general y los objetivos de la empresa. Esto también ayuda a construir un mayor nivel de confianza entre sus clientes sobre la reputación de su empresa.

Por lo tanto, es necesario contratar y desarrollar personas que comprendan la importancia de los valores fundamentales expuestos en la visión y los objetivos de la empresa. Tenga personas dentro de su empresa que se den cuenta exactamente de lo que la marca quiere mostrar a la gente, entonces usted será más capaz de producir un mensaje consistente y coherente para el mercado sobre de lo que su marca es. Esto también ayudará a garantizar que usted puede cumplir las promesas de la empresa como parte de su sistema de marca.

Si desea crear un sistema de marca interna eficaz, cada empresa debe prestar

LA MARCA DE TU EMPRESA

atención al siguiente conjunto de principios:

- Dale libertad y no control. Una gestión de marca interna eficaz es aquella que enfatiza un conjunto de reglas que son acordadas por los empleados, por lo que realmente podría contribuir al avance de su marca.

- Descentralizar. Aprenda a confiar en sus empleados para ofrecer la calidad que su marca merece.

- Comunique el mensaje de su empresa al personal primero antes que a los clientes. ¿Cómo esperan que sus empleados entreguen el tipo de norma que quieren lograr si no comprenden adecuadamente los objetivos de la empresa?

- Funcionamiento sincronizado. Usted necesita poder juntar diversos departamentos de la compañía de modo que cada uno trabaje en el mismo paso y perspectiva.

- Piense en metas a largo plazo. Ninguna marca se crea de la noche a la mañana. Por lo tanto, es necesario crear esa mentalidad en su personal que les permita pensar en los impactos a largo plazo y los efectos de un sistema de marca interna eficaz.

7. Publicidad de contenido como arma de marca

Simplemente escriba contenido útil y de calidad en su sitio. Cuando la gente comienza a darse cuenta de la importancia del contenido de su sitio, con el tiempo tendrá un impacto en su rendimiento en los motores de búsqueda.

8. Proyecto conjunto como arma de marca

¡¿Quién no es mi competencia, pero consigue a mis clientes potenciales?!

Si selecciona a la persona adecuada para aliarse, su tráfico y la conciencia de su marca aumentará dramáticamente.

Así que recuerde: "Tu red es tu patrimonio neto".

Conclusión

Gracias por llegar hasta el final de La Marca de Tu Empresa, esperemos que haya sido informativo y capaz de proporcionarle todas las herramientas que necesita para alcanzar sus metas sean cuales sean.

El siguiente paso es tomar lo que ha aprendido aquí y aplicarlo a su marca. Usted va a querer hacer una relación fuerte con su cliente de modo que no sólo sigan volviéndole a comprar cosas, sino que le recomienden con otros clientes.

Vas a crear un entorno diferente para tus clientes de modo que puedan sentirse más conectados a su empresa. No sólo eso, sino que va a estar haciendo su empresa más fuerte mediante la adición de marca en línea a su lista de tácticas que utiliza para traer clientes y mantenerlos volviendo por más.

La mejor manera en que usted va a ser capaz de ganar a través de la guerra de la marca es pensar en ella como si usted fuera un general que lucha en una batalla. Usted va a tener que ser inteligente y estudiar lo que está pasando en el mercado de la marca para que pueda tomar decisiones inteligentes y no hacer que su marca falle.

www.ingramcontent.com/pod-product-compliance
Lightning Source LLC
Chambersburg PA
CBHW050013230526
45470CB00003B/945